„Die Dinge sind nie so, wie sie sind.
Sie sind immer das, was man aus ihnen macht."

Jean Anouilh

*Meiner geliebten Frau Henrike und
unserem wundervollen Sohn Jendrik*

Danke, dass es euch gibt!

Markus H. Stork

RELAX! BE! HAPPY!

25 Impulse zum Entspannen, Genießen und Glücklichsein

Bibliografische Information der Deutschen Nationalbibliothek:
Die Deutsche Nationalbibliothek verzeichnet diese Publikation in der Deutschen Nationalbibliografie; detaillierte bibliografische Daten sind im Internet über http://dnb.dnb.de abrufbar.

Das Werk, einschließlich seiner Teile, ist urheberrechtlich geschützt. Jede Verwertung ist ohne Zustimmung des Autors unzulässig. Dies gilt insbesondere für die elektronische oder sonstige Vervielfältigung, Übersetzung, Verbreitung und öffentliche Zugänglichmachung.

© *2015 Markus H. Stork*

Illustration: www.KnusperfroschDesign.de
Lektorat: Henrike Stork

Herstellung und Verlag: BoD – Books on Demand, Norderstedt

ISBN: 978-3-7347-5910-9

Inhalt

Auf ein Wort… 7
Der Hund und die Qualle 9
Das Festmahl 12
Der winzige Elefant 16
Chamäleons Weltreise 20
Der bessere Jäger 23
Maus und Bussard 26
Die Giraffe und der Tausendfüßler 29
Das Stinktier 33
Die Raupe 36
Zwei Eintagsfliegen 38
Der hungrige Regenwurm 40
Der Bär und die Liste 44
Das Festmahl für den Hasen 48
Der Stier 51
Eichhörnchens Vorräte 55
Der hässliche Pfau 58
Das Känguru sucht einen Freund 62
Die neugierige Ameise 65
Der Haifisch 68

Der Vielfraß und die Stinkfrucht 70

Marienkäfers Sommer 73

Die schöne Raupe 78

Drei Nilpferde auf Reisen 81

Des Hamsters größter Wunsch 84

Das fremde Tier 88

Dankeschön 92

Über den Autor 94

Auf ein Wort...

Fang an zu träumen und lass deine Träume in der Realität entstehen!
Du hast nur ein paar Jahrzehnte zu leben auf diesem wundervollen Planeten mit schier unerschöpflichen Möglichkeiten.
Ein paar wenige Jahrzehnte, dich selbst zu entdecken.
Fang an, dein Leben zu leben, und male deine Realität in allen Farben aus, die dir dieses Universum bietet!

Dieses Buch wird dich dazu anregen, verschiedene Facetten an dir wahrzunehmen und dir den Freiraum bieten, dich selbst in den Geschichten zu entdecken.
Je nachdem, mit welchem der Charaktere du dich identifizierst, entstehen die Inhalte immer wieder neu.

Ich hoffe auch, dass die Geschichten dir bewusst machen, wie unterschiedlich Menschen sind. Und dass meine oder deine Art zu leben, nicht zwingend das Maß aller Dinge darstellt. Zwischen Schwarz und Weiß gibt es unendlich viele Möglichkeiten, die alle ihre Berechtigung haben.

Versuche, wenn du dich und die Welt verstehen möchtest, weg zu gehen von den Extremen.

Erfasse die Welt eher von der Mitte aus und nimm das Positive der Unterschiedlichkeit eines jeden Menschen wahr, um dein eigenes Leben zu bereichern.

Du kannst niemanden auf dieser Welt ändern, außer dir selbst.

Du kannst aber durch dein Vorleben Angebote machen.

Und möglicherweise gibt es den einen oder anderen Menschen auf dieser Welt, dem diese Angebote gefallen und der sie ebenfalls als lebenswerte Ideen für sein eigenes Leben annimmt.

Ich wünsche dir jetzt viel Spaß, Erfolg und Glück beim Entdecken der Geschichten und beim Entdecken DEINES Lebens!

Der Hund und die Qualle

Eines Morgens ging der Hund, wie gewohnt, spazieren.
Er liebte die Strandrunde, weil er sich dort so herrlich die Sonne auf das Fell scheinen lassen konnte.

Um diese Zeit war noch niemand am Strand, und er genoss es, das Meer für sich zu haben.
Lediglich das Kreischen der Möwen, die ihre Kreise am Himmel zogen und das Rauschen der Wellen, die sanft an den Strand rollten, waren zu hören. Der Wind, der ihm entgegenwehte, kitzelte ihn leicht an der Nase. Und die Luft schmeckte phantastisch nach Salz.

Als er eine Weile am Strand entlang gelaufen war, hielt er plötzlich inne, da er mitten auf dem Strand eine Qualle entdeckte. Sie lag weit entfernt vom Wasser direkt in der Sonne.

Der Hund lief zu ihr hin, um sie genauer zu betrachten.

Als ihn die Qualle bemerkte, rief sie: „Gott sei Dank, endlich ist jemand da, der mir hilft!"
„Wie kann ich dir helfen?", fragte der Hund.

„Bring mir bei, wie man läuft", sagte die Qualle. „Ich möchte alles wissen, aber besonders interessiert mich das schnelle Laufen!"

Der Hund war irritiert, warum gerade die Qualle, die ja gar keine Füße hatte, das Laufen lernen wollte.

Er dachte einen Moment lang nach, dann sagte er: „Gerne bringe ich dir alle Formen des Laufens bei, doch gestatte mir eine Frage: Wozu möchtest gerade du das Laufen lernen?"

„Ich muss es lernen", antwortete die Qualle, „denn wenn ich noch länger in der Sonnen liege, werde ich sterben. Wenn ich aber das Laufen lerne, so kann ich zurück ins Meer gehen."

Da schob der Hund die Qualle mit seiner Schnauze behutsam zurück ins Meer und schenkte ihr das Leben.

Das Festmahl

Es war einmal eine kleine Maus; die lebte zusammen mit einem Bären, einem Fuchs und einem Reh in einem verlassenen Forsthaus mitten im Wald. Das Leben für die vier war sehr angenehm, weil sie hier, mitten im Wald, vollkommen ungestört waren. So taten sie den lieben langen Tag die Dinge, die ihnen Spaß machten.

Eines Tages hatten die Tiere Hunger. Und so zogen sie los, auf der Suche nach etwas Essbarem. Sie liefen eine Weile im Wald umher und schauten sich um.

Als sie an einem Fluss vorbeikamen, schlug der Bär vor, ein paar saftige Lachse zu besorgen. Der Bär war groß und stark und konnte trotz der Strömung sicher im Fluss stehen.
Gesagt, getan, waren rasch einige leckere Lachse gefangen.
So machten sie ein Weilchen Rast und ließen sich die saftigen Lachse schmecken. Als ihr Bauch gut gefüllt und kugelrund war, machten sie sich wieder auf den Weg.

Nachdem sie eine Weile weitergezogen waren, schlug das Reh vor, ein paar leckere Kräuter zu besorgen. Das Reh hatte ein feines Näschen

und witterte die schönsten Kräuter selbst in großer Entfernung.
Gesagt, getan, waren rasch die leckersten Kräuter gefunden.
So verweilten sie erneut und gerossen die frischen und wohlschmeckenden Kräuter. Als sie satt waren von dem herrlichen Festschmaus, machten sie sich wieder auf den Weg.

Nachdem sie wieder ein Stückchen gewandert waren, schlug der Fuchs vor, noch ein wenig Honig als Nachtisch zu besorgen. Der Fuchs war sehr schlau und wusste, wie man die Bienen überlistet, um an den leckeren Honig zu gelangen.
Gesagt, getan, hatte der Fuchs so viel Honig besorgt, dass sich alle satt schlecken konnten.
So pausierten sie ein drittes Mal und leckten den herrlich süßen Honig, bis kein Tropfen mehr übrig war.
Danach machten sie sich wieder auf den Weg.

Nur die Maus hatte nichts zum Festmahl beitragen können.

Sie war zwar für eine Maus recht stark, aber so stark wie der Bär war sie bei Weitem nicht.
Sie hatte zwar für eine Maus ein recht feines Näschen, aber so ein feines Näschen wie das Reh hatte sie bei Weitem nicht.

Sie war zwar für eine Maus recht schlau, aber so schlau wie der Fuchs war sie bei Weitem nicht.

Und als sie zurück zum verlassenen Forsthaus gingen, war die Maus ein bisschen traurig, da sie sich nicht nützlich machen konnte.

Doch als sie satt und müde am alten Forsthaus ankamen, bemerkten sie, dass sie nicht hineinkamen.
Die Tür war ins Schloss gefallen und ließ sich von außen nicht öffnen.
Unsere Freunde waren ratlos und verzweifelt. Sie befürchteten die Nacht im Freien verbringen zu müssen, da es bereits dämmerte.

Da hatte die Maus einen Geistesblitz. Sie zwängte sich durch ein winziges Loch zwischen den Ziegelsteinen. Dadurch gelangte sie ins Haus. Dann kletterte sie geschickt die Wand hinauf, Stein für Stein, bis sie auf der Fensterbank angelangt war. Sie wagte einen mutigen Sprung und landete auf der Türklinke. Mit einem kräftigen Hopser, bei dem sie ihr gesamtes Mäusegewicht einsetzte, drückte sie die Klinke nach unten und... öffnete die Tür.

Die anderen staunten nicht schlecht und feierten die stolze Maus die ganze Nacht hindurch.

Der winzige Elefant

Weit draußen in der Wüste lebten einst ein Elefant und eine Wüstenrennmaus. Und obwohl der Elefant groß und stark war, fürchtete er sich schrecklich vor der Wüstenrennmaus, denn sie war so klein und flink.

Sie flitzte ihm zwischen den Beinen hindurch, raste an ihm vorbei und wieder zurück und machte sich einen Spaß daraus, den Elefanten zu ärgern.
Gerade dann, wenn er nicht damit rechnete, sauste sie aus ihrem Versteck und huschte an ihm vorbei. Der Elefant erschrak sich dabei fast zu Tode.

Die Wüstenrennmaus wusste, dass der graue Koloss viel zu groß und behäbig war, um sie zu schnappen. Und so ärgerte sie ihn den lieben langen Tag.
Eines Tages, als sich die Wüstenrennmaus gerade vom Ärgern ausruhte, begegnete der Elefant einer kleinen unscheinbaren Schnecke ohne Haus und einer lustigen Kakerlake.

Diese wunderten sich, dass der Elefant geduckt hinter einem Baum saß und sich vorsichtig in alle Richtungen umschaute.

„Warum sitzt so ein großer und stattlicher Elefant wie du zusammengekauert hinter einem Baum?", wollte die lustige Kakerlake wissen.

Da erzählte der Elefant ihnen von der gemeinen Wüstenrennmaus und zitterte dabei von der Rüsselspitze bis zum Schwanz.

Die Kakerlake hatte eine Idee. Sie tuschelte mit der Schnecke ohne Haus und dem Elefanten, und so schmiedeten sie gemeinsam einen Plan.

Sie warteten die dunkle Nacht ab, um der Wüstenrennmaus einen Streich zu spielen.

Als sie hörten, dass sich die Wüstenrennmaus in der dunklen, dunklen Nacht näherte, um wieder einmal den Elefanten zu ärgern, rief die Kakerlake mit ihrer hellen Stimme: „Hey Maus, hier bin ich!"

Die Maus war verwirrt, weil der Elefant eigentlich eine sehr dunkle Stimme hatte. Und so rief sie zurück: „Elefant, bist du es? Du hörst dich plötzlich so klein an!"

„Ja", rief die Kakerlake, „komm hier rüber, ich habe eine Überraschung für dich!"

Da tippelte die Wüstenrennmaus vorsichtig in die Richtung, aus der sie die Stimme vernahm, denn sehen konnte sie aufgrund der Dunkelheit nichts.

Als sie ganz in der Nähe der Kakerlake war, sagte die Kakerlake: „Und jetzt fühl einmal!"

Die Maus dachte noch immer, sie habe den Elefanten vor sich und tastete vorsichtig in die Richtung, aus der sie die Stimme vernahm.

Dort hatte sich, ganz leise, die Schnecke hingelegt. Und als die Wüstenrennmaus nun über die Schnecke streichelte, die sich anfühlte wie ein winziger Rüssel, bekam sie einen riesigen Schreck.

Die Wüstenrennmaus dachte, der Elefant sei geschrumpft und nun genauso klein und flink wie sie selbst. Sie befürchtete, dass er sich nun für die vielen Wochen und Monate, in denen die Maus den Elefanten geärgert hatte, rächen würde.

Und so ergriff sie schnell die Flucht und verschwand in einem ganz anderen Teil der Wüste.

Der Elefant, die Kakerlake und die Schnecke ohne Haus jedoch waren stolz, die Wüstenrennmaus in die Flucht geschlagen zu haben.
Und weil dieses Abenteuer ganz schön anstrengend war, kuschelte sich die Kakerlake an den Elefanten, und sie schliefen glücklich ein.

Die Schnecke jedoch lag noch lange, lange wach und fühlte sich sehr, sehr groß, als sie über ihre Heldentat nachdachte.

Chamäleons Weltreise

Einst lebte ein Chamäleon mitten in einem saftig grünen Busch. Es war zufrieden, denn es gab genug Nahrung, und es kannte seinen Busch gut. Jedes Blatt und jedes Zweiglein hatte es schon tausendmal gesehen, denn es verließ den Busch nie.

Es verbrachte sein Leben zwischen Essen und Schlafen. Weil es nur in seinem Busch lebte, veränderte es seine Farbe nie, denn alles dort war grün.

So ging es Tag für Tag, und das Chamäleon war zufrieden.

Eines Tages, nachdem das Chamäleon sich wieder einmal satt gegessen hatte, schlief es auf einem der unteren Äste ein. Und als es tief und fest eingeschlafen war, passierte es. Eines seiner Beine hing so weit herunter, dass es aus Versehen mit dem großen Zeh eine rote Blume auf dem Boden berührte.

Und wie es bei einem Chamäleon üblich ist, verfärbte sich sein Fuß sofort in einem wunderschönen Rot.

Das Chamäleon erwachte, weil sein Fuß ungewöhnlich kribbelte, denn bisher hatte es sich

noch nie verfärbt. Es wunderte sich sehr über dieses Gefühl, das es so nicht kannte. Es war schon kurz davor, den Fuß wegzuziehen, denn ein bisschen war es unangenehm, weil es so ungewohnt war. Auf der anderen Seite aber war es wunderschön und aufregend.

Das Chamäleon betrachtete seinen Fuß eine ganze Weile und war fasziniert. So etwas hatte es noch nie gesehen, da es ja bisher den Busch niemals verlassen hatte.

Vorsichtig tastete das Chamäleon mit seinem großen Zeh nach einer anderen Blume, die wundervoll gelb leuchtete. Sofort verfärbte sich auch sein Fuß in ein wunderschönes Gelb.
Wieder war da dieses Kribbeln, doch dieses Mal fühlte es sich schon nicht mehr so unangenehm an. Das Chamäleon staunte und betrachtete wiederum fasziniert seinen nun gelb eingefärbten Fuß.

So probierte es noch ein paar weitere bunte Blumen aus, und mit jedem Mal wurde es mutiger. Es begann ihm Spaß zu machen; und es fragte sich, welche Farben wohl noch auf dieser Welt warteten.

Und nach einigen Versuchen beschloss es, fortan seinen Busch zu verlassen.
Das Chamäleon machte sich auf die Wanderschaft, um die schönsten Farben der Welt zu sammeln.

Der bessere Jäger

Voller Inbrunst sprach der Falke zu der Eule: „Ich bin derjenige, der besser sehen kann, und deshalb bin ich auch der bessere Jäger!"

„So, so", sprach die Eule noch etwas verträumt, weil der Tag gerade angebrochen war und sie die ganze Nacht gejagt hatte.

„Du bist nur in der Nacht in der Lage zu sehen", sagte der Falke, „und ich frage mich, wie du es so überhaupt schaffst, dein Leben zu bestreiten."

„Bedenke", sprach die Eule, „die Nacht nimmt in der Regel die Hälfte des Lebens ein."

„Ich werde dir beweisen, dass es keinen besseren Jäger als mich gibt", sprach der Falke.

„Schuhu", sagte die Eule bedächtig, „die Wette nehme ich an."

So beschlossen die beiden den Regenwurm als Schiedsrichter zu bestellen, um zu entscheiden, wer von beiden der bessere Jäger sei.

„Ich werde mit zwei Tagen Vorsprung in Richtung Nordpol kriechen", willigte der Regenwurm

ein. „Wer mich zuerst entdeckt, gilt als der bessere Jäger", sprach es und kroch davon.

Falke und Eule folgten, wie vereinbart, mit zwei Tagen Abstand.

Sie suchten und suchten, doch sie fanden den Regenwurm nicht.

Kurz bevor Sie den Nordpol erreichten, mitten in der Dämmerung, als der Tag in die Nacht überging, entdeckten sie ihn im Schnee.

Sie mussten sich beide sehr anstrengen ihn zu sehen. Für den Falken war es schon etwas zu dunkel und für die Eule noch ein wenig zu hell.

Als sie beim Regenwurm angelangt waren, bemerkten sie, dass er vor Kälte steif gefroren war, und sie bekamen ein schlechtes Gewissen.

Wegen ihres Streits war der Regenwurm schließlich erst in diese Situation gekommen.

Vorsichtig fassten sie den Wurm mit ihren Schnäbeln, jeder an einem Ende. Sie flogen, so schnell es ging, mit ihm nach Hause.

Dort angekommen, nahmen sie ihn abwechselnd in ihre Gefieder, bis er wieder vollkommen aufgetaut war.

Fortan beschlossen sie, zusammenzuhalten und sich bei den Dingen zu ergänzen, die der Andere besser konnte.

Maus und Bussard

Nun trafen sich, nach langer Zeit, der Bussard und die Maus, um ihre Feindschaft zu begraben.

Und als Sie so ins Gespräch kamen, um Gemeinsamkeiten zu finden, stellte jeder von ihnen seine Sicht auf die Dinge dar.

„Die Welt", begann der Bussard, welcher sich den lieben langen Tag durch die Lüfte gleiten ließ, „die Welt besteht aus Weite. Bis zum Horizont erstrecken sich in alle Richtungen große Flächen und Landschaften! Freiheit, das ist es, was die Welt ausmacht!"

„Weite? Horizont? Freiheit? Was redest du?", fragte die Maus, deren Heimat das Weizenfeld war. „Von Halm zu Halm reicht die Freiheit auf dieser Welt! Über uns ist der Himmel aus Ähren, und wenn der keinen Schutz mehr bietet, weil das Feld abgeerntet ist, so ist meine Welt das Labyrinth aus Höhlen und Gängen, welche ich mir unter dem Feld grabe. Sicherheit und Geborgenheit, das ist es, was unsere Welt ausmacht!"

Eine Weile schauten sie sich verdutzt an. Dann wagten sie einen zweiten Versuch und lenkten das Thema auf ihr Tun.

„Neues zu entdecken, das ist des Tages Sinn!", sprach der Bussard. „Weiter zu fliegen, als es je ein Bussard vor mir getan hat, das erfüllt mein Leben!"

„Ich verstehe dich nicht", entgegnete die Maus, „wie kann man nach solch unsinnigen Tätigkeiten trachten, wenn es viel mehr Sinn macht, den Tag damit zu verbringen, die Höhle zu erweitern und Vorräte für schlechte Zeiten anzulegen?"

Wieder schauten sie sich einen Moment lang verdutzt an.
Dann erhob sich der Bussard in die Lüfte, da er merkte, dass es keinen Sinn machte mit der Maus zu reden. Und auch die Maus tippelte ihres Weges, ohne den Bussard zu verstehen.

Als sich die Maus jedoch am Abend mit den anderen Mäusen traf, waren sich alle einig, dass der Bussard einem leidtun konnte.

Die Giraffe und der Tausendfüßler

Am Rande von Botswana, da wo es nach Südafrika nicht mehr weit ist, lebte einst eine Giraffe. Sie war eine sehr stattliche Giraffe und fast sechs Meter hoch. Mit ihrer blauen Zunge pflückte sie die Akazienblätter von den Bäumen und ließ es sich gut gehen.

Nicht weit von ihr verbrachte ein Tausendfüßler sein Leben. Er war ein hübscher Tausendfüßler mit sage und schreibe 750 Beinen, was für einen Tausendfüßler sehr viel ist. Er füßelte durch das Unterholz, fraß faule Früchte und Holzreste, und auch er ließ es sich gut gehen.

Eines Tages liefen sich der Tausendfüßler und die Giraffe zufällig über den Weg. Sie waren sofort fasziniert voneinander, und einer wollte so werden wie der andere.

„Wenn ich nur auch so klein und wendig wäre wie du", sagte die Giraffe, „dann würde ich nicht nur die Akazienblätter hoch oben von den Bäumen pflücken müssen, sondern ich könnte ganz bequem alles verspeisen, was zu Boden gefallen ist."

„Und wenn ich so groß wäre wie du", brachte der Tausendfüßler ein, „dann könnte ich auch

das frische Grün von den Bäumen pflücken und müsste mich nicht nur mit den Resten zufrieden geben, die auf der Erde landen."

Einen Moment lang überlegten sie und hatten dann eine wunderbare Idee. Wenn sie nur einen Tag lang so leben würden wie der andere, dann wäre ihr Leben ein ganzes Stück glücklicher.

So nahm die Giraffe den Tausendfüßler hoch und setzte ihn sich auf die Nasenspitze, so dass er fast sechs Meter hoch über dem Boden schwebte. Sodann ging sie in Richtung der Akazienbäume und hielt ihn nah an die Blätter, auf dass er diese kosten könne.

Der Tausendfüßler fraß und fraß und fraß von den frischen Akazienblättern, bis sein Magen prall gefüllt war.

Dann tauschten sie die Rollen.

Die Giraffe beugte sich, soweit es möglich war, in Richtung des Bodens. Der Tausendfüßler huschte nun kreuz und quer, um die Leckereien des Bodens für sie zu sammeln. Er reckte sich, um sie der Giraffe anzureichen.

So sammelte er faulige Früchte und modriges Holz, bis der Bauch der Giraffe kugelrund war.

Nach einiger Zeit jedoch begannen ihre Bäuche zu rumoren und zu gluckern, und sie bekamen schreckliche Bauchschmerzen.

Die Akazienblätter waren viel zu frisch für den Tausendfüßler, der sich ja sonst nur von der Nahrung ernährte, die bereits auf der Erde lag.
Und die fauligen Früchte und das modrige Holz bekamen der Giraffe nicht, die sonst stets nur das frische Grün der Akazienbäume fraß.

Als sie den Tag überstanden hatten, dankten sie einander für die Erfahrung.

Seitdem sind sie glücklicher als je zuvor, so zu sein, wie sie sind.

Das Stinktier

Mitten im Dschungel lebte ein Stinktier. Die Tiere, die rund um das Stinktier lebten, mieden und verspotteten es aufgrund des Gestanks.
So war das Stinktier recht einsam, da niemand etwas mit ihm zu tun haben wollte.

Eines Tages entdeckte ein Raubtier das Gebiet und jagte die Tiere, die dort lebten. Mit seiner feinen Nase entdeckte es jeden Schlupfwinkel und jagte die Dschungelbewohner bis zur Erschöpfung.

Das Einzige, was das Raubtier nie jagte, war das Stinktier. Dafür war die Raubtiernase viel zu fein. Sie schmerzte regelrecht, wenn sich der Jäger dem Stinktier auch nur auf hundert Meter annäherte.

Das bekamen auch die anderen Tiere nach einer Weile mit, und so flüchteten sich die Tiere zu dem Stinktier. Hier waren sie in Sicherheit, da sich das Raubtier nicht nähern konnte.
Das Stinktier wunderte sich, dass sich plötzlich alle Tiere in seiner Nähe aufhielten, und es freute sich sehr. Als sie ihm erzählten, warum sie sich plötzlich so gerne beim Stinktier aufhielten,

setzte das Stinktier noch eine Prise stinkenden Dufts oben drauf.

Die anderen Tiere jedoch gewöhnten sich im Laufe der Zeit an den Geruch. Es machte ihnen gar nichts mehr aus, sich in der Nähe des Stinktiers aufzuhalten. Sie wussten, dass sie dort sicher waren. Außerdem merkten sie schnell, dass das Stinktier sehr nett und ein toller Spielkamerad war.
So blieb das Stinktier fortan nie mehr alleine.

Das Raubtier jedoch verließ den Wald. So konnten fortan wieder alle in Ruhe miteinander leben.

Die Raupe

Die Raupe zitterte am ganzen Leib. Das letzte Stündlein hatte scheinbar geschlagen. Sie sah den Ast über sich, auf den sie unbedingt kommen wollte.

Der Frosch beobachtete sie genau.

Die Raupe versuchte immer wieder auf den höheren Ast zu hüpfen und fiel ständig zurück.

Da fokussierte sie der Frosch und schoss seine Zunge in ihre Richtung.

Als er die Raupe gerade berührte und sie leicht an seiner Zunge haftete, hielt er diese ausgestreckt, hob die Raupe auf den höheren Ast und löste die Zunge wieder.

Die Raupe saß verdattert auf dem Ast.

Der Frosch jedoch hüpfte von dannen und quakte ihr noch einmal zu.

Zwei Eintagsfliegen

Eine Eintagsfliege war frisch geschlüpft und plante ihr Leben.

Sie hatte große Pläne und nahm sich vor, ihr Leben zu genießen, sobald sie all diese Pläne erreicht hatte.

Einen halben Tag lang plante sie und plante sie und plante sie. Sie zermarterte sich den Kopf, was sie in diesem Leben alles tun wollte. Sie war sehr bemüht, genau zu planen, damit sie auch möglichst viele Ziele erreichte.

Die andere Hälfte des Tages verbrachte die Eintagsfliege damit noch genauer zu planen, wie sie die einzelnen Vorhaben umsetzen könne. So lange, bis jeder Schritt detailliert ausgearbeitet war und sie endlich das Gefühl hatte, beginnen zu können.

Am Abend endete ihr Leben.

Eine Eintagsfliege war frisch geschlüpft und genoss ihr Leben, weil sie wusste, dass es kurz sein würde.

Sie genoss mit offenen Augen. Es war unglaublich, wie viele schöne Momente sie in ihrem kurzen Leben hatte.

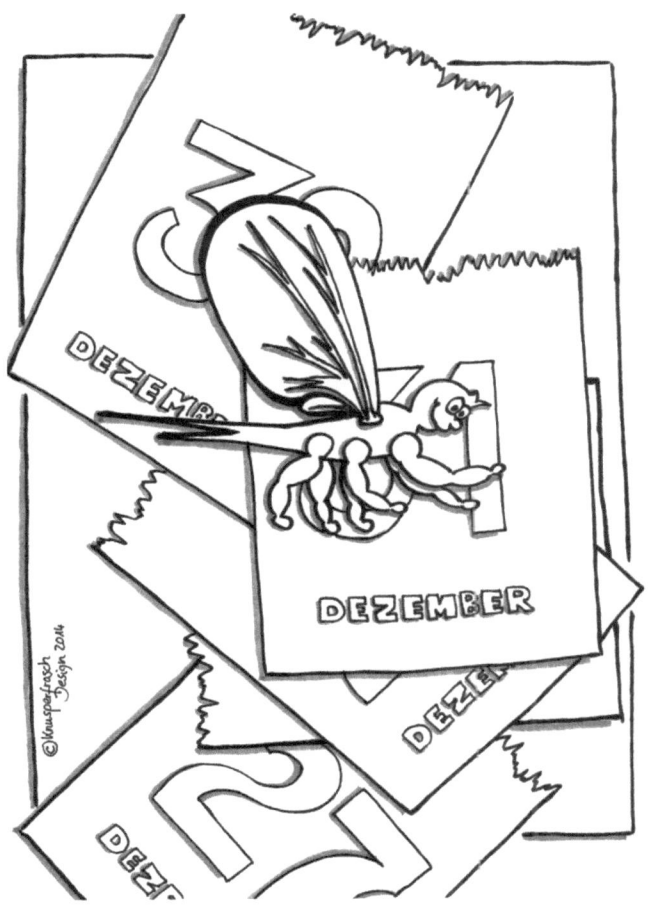

Der hungrige Regenwurm

Ein leichter Appetit überkam den Regenwurm, als er durch die unterirdischen Gänge kroch.
In diesem verzweigten System hatte er über die Jahre viele Vorräte angelegt.

Als er am Ende des Ganges ankam, befand er sich an einer Weggabelung.
Der Regenwurm erinnerte sich, dass am Ende beider Abzweigungen sehr leckere Vorräte angelegt waren.

So roch er abwechselnd in den rechten und in den linken Gang, um zu entscheiden, welche Vorräte er lieber essen würde.

Aus dem rechten Gang duftete es verführerisch nach altem Gras und Wurzelresten.
Aus dem linken Gang kamen ihm Aromen von fauligen Äpfeln entgegen.
Der Regenwurm konnte sich nicht entscheiden, und sein Appetit wuchs. „Vielleicht muss ich ein wenig näher heran kriechen, damit ich mich besser entscheiden kann", dachte er.

So kroch der Wurm einige Zentimeter in den linken Gang, und die Aromen der fauligen Äpfel kamen ihm noch stärker entgegen.

Er kroch zurück, um einige Zentimeter in den rechten Gang zu gelangen.

Hier duftete es jetzt noch verführerischer nach altem Gras und Wurzelresten.

Der Regenwurm begab sich zurück zur Weggabelung, um zu entscheiden.

„Altes Gras und Wurzelreste sind ein nicht zu verachtendes Mahl", sinnierte er. „Faulige Apfelreste sind allerdings auch nicht zu verachten."

Und sein Hunger wuchs. So lag er noch eine ganze Weile an der Weggabelung und überlegte hin und her, wie er sich wohl entscheiden solle.

Sein Magen begann laut zu knurren.

„Okay! Jetzt muss ich mich wirklich schnell entscheiden", sprach der Regenwurm zu sich selbst, „denn nun habe ich wirklich Hunger!"

Sprach es und kroch noch einmal einige Zentimeter in den linken Gang. Dort waberten ihm nun noch intensiver die Aromen der fauligen Äpfel entgegen.

Es raubte ihm fast seine Sinne.

Er war schon kurz davor, sich auf die fauligen Äpfel zu stürzen, als er innehielt. „Vielleicht sind das alte Gras und die Wurzelreste ja doch das bessere Mahl", dachte er.

Sein leerer Magen grummelte und rumorte.

So begab er sich noch einmal einige Zentimeter in den rechten Gang und seine Sinne waren benommen vom Duft des alten Grases und der Wurzelreste.

Er war schon fast am Ziel angelangt, da zweifelte er erneut. „Was ist, wenn mir das alte Gras und die Wurzelreste nicht so gut schmecken wie diese verführerisch duftenden, fauligen Äpfel?"

So kroch er abermals zurück zur Weggabelung, und sein Magen schmerzte unerträglich vor Hunger.

Wir wissen nicht, ob und wie sich der Regenwurm am Ende entschieden hat.

Der Bär und die Liste

Es geschahen seltsame Dinge im Wald. Seitdem der Bär in den Wald gezogen war, verschwanden nach und nach Tiere. Gerüchte machten sich breit.

So auch das Gerücht über eine Liste, die der Bär angefertigt habe.
Angeblich sollten auf dieser Liste alle Tiere vermerkt sein, die verschwinden würden.
Die Tiere berieten lange, was zu tun sei, doch eine rechte Lösung konnten sie nicht finden.

Da beschloss das Kaninchen auf eigene Faust, etwas zu tun, um Gewissheit zu bekommen. Es fasste sich ein Herz und ging zum Bären.

„Bär", sprach es, „ich hörte, du hast eine Liste, auf der alle Tiere stehen, die verschwinden werden?"

„Das ist richtig", antwortete der Bär sanft.
Das Kaninchen jedoch begann am ganzen Leib zu zittern, und seine Augen weiteten sich vor Angst.

„Bär", sprach es mit angsterfüllter Stimme, „verrat mir eins: Stehe ich auf dieser Liste?"

„Ja, du stehst auch auf der Liste", sprach der Bär mit ruhiger Stimme.

Voller Panik hüpfte das Kaninchen davon.
Seither ist es verschwunden.

Dies machte natürlich schnell die Runde und die Sorge der Tiere, selbst auch zu verschwinden, steigerte sich ins Unerträgliche.

So fasste sich das Eichhörnchen ein Herz und ging ebenfalls zum Bären.

„Bär", sprach das Eichhörnchen mit zittriger Stimme, „ich habe gehört, du hast eine Liste, auf der alle Tiere stehen, die verschwinden?"

„Das ist richtig", antwortete der Bär sanft.

„Bär", flehte das Eichhörnchen, „verrate mir nur eins: Stehe ich auf dieser Liste?"

„Ja", sprach der Bär ruhig, „du stehst auch auf dieser Liste."

Dem Eichhörnchen stiegen die Tränen in die Augen.

Es huschte schnell weg. Von da an wurde es nie wieder gesehen.

Regelrechte Panik brach unter den Tieren des Waldes aus. Jeder hatte die Angst, als Nächstes zu verschwinden.

Da fasste sich der Fuchs ein Herz und ging zum Bären, um für sich Klarheit zu bekommen.

„Bär", sprach der Fuchs, „ich habe gehört, du hast eine Liste, auf der alle Tiere stehen, die verschwinden werden?"

„Ja", sprach der Bär mit sanfter Stimme, „das stimmt!"

„Bär", flüsterte der Fuchs vor Angst, „sag mir, stehe ich auf dieser Liste?"

„Ja", sagte der Bär, „auch du stehst auf dieser Liste!"

Der Fuchs schluckte und setzte dann mit letzter Kraft zu einer zweiten Frage an: „Bär, kannst du mich von dieser Liste streichen?"

„Kein Problem", sagte der Bär und strich den Fuchs von seiner Liste.

So zog dieser erleichtert seines Weges und lebte fortan glücklich und unbeschwert im Wald.

Das Festmahl für den Hasen

Dieser Wald, in dem der Hase neu war, war ein Paradies für die Tiere.
Es gab dort eine Lichtung, an der das Essen gesammelt wurde, ohne dass sich die Tiere selber darum kümmern mussten.

Also ging auch der Hase zu diesem Platz, um seine Ration zu erhalten.

Während er ging, dachte er bei sich: „Ich mag nicht unverschämt wirken."

Als er angekommen war, bat er also lediglich um eine Möhre, die ihm auch sofort überreicht wurde.
Man fragte den Hasen, ob er noch etwas Weiteres haben wolle. Doch dieser dachte bei sich: „Ich mag nicht unverschämt wirken" und verneinte.
Nachdem er die Möhre weggemümmelt hatte, knurrte sein Magen noch immer, doch er traute sich nicht, nach einem Nachschlag zu fragen.
So legte er sich hungrig zur Ruhe und wartete den nächsten Tag ab.

Am nächsten Tag ging er wieder zur Lichtung und dachte nach. „Ich mag nicht unverschämt wirken", dachte er bei sich.

Und als er angekommen war, bat er abermals um eine Möhre. Diese wurde ihm sofort überreicht.

Auch wurde er gefragt, ob er noch etwas anderes wolle, jedoch verneinte der Hase und dachte bei sich: „Ich mag nicht unverschämt wirken."

Nachdem der Hase die Möhre ganz langsam gegessen hatte, merkte er, dass sein Magen immer noch gewaltig grummelte, da er noch immer Hunger hatte. Doch er traute sich nicht, nach einer weiteren Möhre zu fragen.

So legte er sich schlafen und wartete den nächsten Tag ab.

Dies ging exakt eine Woche so.

Dann packte der Hase seine sieben Sachen und verließ den Wald, weil er es nicht mehr aushielt vor Hunger.

Diejenigen jedoch, die das Essen verteilten, waren traurig. Sie mussten die ganze Woche jeden Abend große Mengen Essen wegwerfen, die sie für den Hasen eingeplant hatten.

Dabei hätten sie den Hasen doch so gerne glücklich gemacht.

Der Stier

Zwischen den grazilen Tieren auf dieser Weide fiel der Stier immer wieder auf. Er war groß, muskulös und ungestüm.

Die anderen Tiere jedoch waren klein, flink und zierlich. Sie mieden den Stier, weil er so anders war als sie selbst, und das ließen sie ihn deutlich spüren.

Der Stier fühlte sich nicht wohl, weil auch er merkte, dass er anders war.

Wenn er mit den anderen Tieren spielen wollte und sie aus Spaß etwas anstupste, fielen sie um, weil der Stier so große Kraft hatte.
Wenn er mit Ihnen über die Weide laufen wollte, hängten sie ihn stets ab, weil sie so flink und wendig waren.
Der Stier fühlte sich sehr einsam und wollte so gerne dazugehören.
So fragte er: „Was muss ich tun, um zu euch zu gehören?"
„Du musst so werden wie wir", sagten die anderen Tiere, „dann kannst du zu uns gehören, und wir werden dich mögen."

So bemühte sich der Stier nach Kräften so zu werden wie die anderen Tiere auf der Weide.

Er fraß weniger, um ein paar Pfund seiner Muskeln zu verlieren und ging nur noch geduckt, um nicht so groß zu erscheinen.

Der Stier übte das wendige Laufen, indem er versuchte, die Zaunpfähle im Slalom zu umkreisen. Jedoch stolperte er regelmäßig über seine kräftigen Beine, weil die Kurven viel zu eng für ihn waren.

Nach einigen Wochen ging er erneut zu den anderen Tieren. Er war stolz, weil er sich so bemühte zu sein wie sie.

Die Tiere jedoch ließen ihn stehen und sagten ihm: „Du hast dich noch nicht genug verändert. Du bist noch lange nicht so wie wir, daher wollen wir nichts mit dir zu tun haben."

Deshalb bemühte sich der Stier Tag für Tag und Woche für Woche so zu werden wie die anderen Tiere. Jedoch fühlte er sich zunehmend unwohl, weil er mittlerweile fast alle Dinge anders machte, als er sie aus seinem Leben als Stier kannte. Dennoch hatte er scheinbar nicht die geringste Chance, so zu werden wie die anderen.

Er war und blieb nun mal ein Stier.

Da fuhr zufällig ein Bauer mit seinem Traktor an der Weide vorbei, und auf dem Anhänger erblickte der Stier einen anderen Stier.

Sein Herz hüpfte vor Freude, und er lief hinter dem Traktor her. Das war gar nicht so einfach, weil er durch seinen Versuch anders zu werden, nicht mehr so kräftig wie früher war.

Dennoch behielt er den Traktor im Blick.

Nach einer ganzen Weile kam er am Ziel an: einer Weide voller Stiere. Er war glücklich! Sofort rannte er zu den anderen und wurde in ihrer Mitte aufgenommen. Sie rauften und rannten ungestüm kreuz und quer über die große Fläche.

Er fühlte sich wohl und hatte zum ersten Mal in seinem Leben das Gefühl, dass alles gut war.

Schnell kam er wieder zu Kräften und ging fortan nur noch erhobenen Hauptes durchs Leben.

Eichhörnchens Vorräte

Mitten im Herbst, als die Bäume nur so von Nüssen und bunten, saftigen Früchten überquollen, überkam das Eichhörnchen große Panik.

„Was, wenn ich im Winter verhungern muss?", dachte es aus dem Nichts heraus. Und kaum war der Gedanke durch seinen Kopf gegangen, begann es wie verrückt alle Nüsse und Früchte zusammen zu klauben, die ihm vor die Nase kamen.

Es füllte seinen Kobel bis zum Rand, so dass es selber keinen Platz mehr darin hatte.

Jetzt stieg noch mehr Panik in ihm auf.

„Was, wenn ich im Winter erfrieren muss, weil ich keinen Kobel mehr habe, in dem ich mich wärmen kann?"

Und so begann es sofort damit Material zusammenzutragen, um eine neue Behausung in einem anderen Baum zu errichten. Die baute es auch gleich größer, damit es noch mehr Vorräte unterbringen konnte.

Sobald der Kobel fertig war, füllte es ihn wieder bis zum Rand mit Früchten und Nüssen und stand erneut vor demselben Problem.

Vor lauter Geschäftigkeit hatte das Eichhörnchen seit Wochen nichts gegessen, und die Tage wurden schnell kürzer.

Da überfiel das Eichhörnchen erneut die Panik: „Was, wenn ich verhungern werde, weil ich keine Fettreserven für den Winter angefuttert habe?"
Und es fraß und fraß, bis ihm der Bauch wehtat. Die Fettreserven bildeten sich jedoch nicht so schnell, wie es das Eichhörnchen erhofft hatte.

Dann kam der Winter.

Zum Glück war es ein sehr milder Winter mit viel Sonnenschein. Und da der Herbst so reichhaltig Früchte und Nüsse hervorgebracht hatte, kamen alle Tiere, auch ohne ihre Vorräte, gut bis ins Frühjahr.

Der hässliche Pfau

Der Pfau war recht einsam, da ihm die Partnerin fürs Leben einfach nicht begegnen wollte. Seine Laune war am Boden.

In diesem Moment schaute er in den Spiegel und erblickte sich darin.

„Was für ein hässlicher, griesgrämiger Pfau ich bin", sprach er zu sich selbst und widmete sich erneut seiner schlechten Laune.

Und so vergingen die Tage.

Eines Tages blickte der Pfau etwas länger in den Spiegel. Just in diesem Augenblick fiel die Sonne auf die prächtigen Federn seines Rades. Daraufhin glänzten diese in den schönsten Farben.

„Mein Rad glänzt wohl schön in der Sonne, ein herrlicher Anblick", dachte er kurz. Doch dann sprach er erneut zu sich: „Was für ein hässlicher, griesgrämiger Pfau ich bin!"

Doch ließ den Pfau fortan der Anblick seines glänzenden Rades nicht mehr los. So stellte er sich von nun an jeden Tag vor den Spiegel, erst etwas zögerlich, dann immer mutiger, um zu schauen, ob er noch weitere schöne Stellen besäße.

Doch jedes Mal verließ er sein Spiegelbild mit den Worten: „Was für ein hässlicher, griesgrämiger Pfau ich bin!"

Nach einigen Wochen der regelmäßigen Betrachtung - die Zeiträume wurden dabei immer länger - vergaß der Pfau so negativ über sich zu richten, und es fiel ihm nicht einmal auf.

Am einem Tag sogar ertappte er sich dabei, sich eigentlich ganz nett zu finden, da er mittlerweile so viele schöne Dinge an sich wahrgenommen hatte.

Und eben in diesem Moment huschte ein Lächeln über sein Gesicht, und er begann sich zu mögen.

Von diesem Moment an schaute er gerne in den Spiegel, und die Momente, in denen er lächelte, wurden immer länger.

Als er eines Tages wieder vor den Spiegel treten wollte, stand er plötzlich einem Pfauenmädchen gegenüber, welches genauso lächelte wie er.

Im ersten Augenblick dachte er, sein Gesicht im Spiegel zu betrachten.

Dann jedoch bemerkte er, dass er diesem wundervollen Geschöpf gegenüberstand und verliebte sich unsterblich in das sympathische Pfauenmädchen.

Dieses konnte auch die Augen nicht mehr von unserem charmanten Pfau lassen. Und so wichen sie sich nicht mehr von der Seite, und es dauerte nicht lange, bis die ersten lächelnden Pfauenküken das Licht der Welt erblickten.

Das Känguru sucht einen Freund

Als es den Frosch sah, dachte das kleine Känguru: „Er hüpft wie ich." Und ganz aufgeregt hüpfte es hinter ihm her, um zu fragen, ob er sein Freund werden möchte.

Der Frosch jedoch fühlte sich verfolgt und hüpfte schneller und schneller, um sich dann mit einem gewaltigen Sprung in den nahegelegenen Weiher zu retten.

Das kleine Känguru war traurig und hopste weiter auf der Suche nach einem Freund.

Da entdeckte es ein Reh. „Es hat Ohren, wie ich sie habe", dachte das Känguru und hüpfte auf das Reh zu, um zu fragen, ob es sein Freund werden wollte.

Das Reh jedoch bekam einen gewaltigen Schreck und lief so schnell es konnte in den Wald, um sich im Unterholz zu verstecken.
Traurig hopste das Känguru weiter auf der Suche nach einem Freund.

Da entdeckte es einen Wombat. „Er hat einen Beutel wie ich", dachte das kleine Känguru und schlich sich vorsichtig an den Wombat heran,

um zu fragen, ob er sein Freund werden wolle.

Gerade als das Känguru hinter dem Wombat stand, drehte dieser sich um und erstarrte. Wenige Sekunden später ergriff er Hals über Kopf die Flucht.

Das kleine Känguru war traurig, dass niemand sein Freund werden wollte, setzte sich an einen Baum und schluchzte vor sich hin.

Da spürte es plötzlich etwas Leichtes und Warmes auf seiner Schulter. Als es genauer schaute, hatte sich ein kleines Vögelchen niedergelassen und schaute das Känguru mit großen Augen an.

„Möchtest du mein Freund werden?", fragte das Vögelchen. Das Känguru war ganz verdattert.

„Wir sind vollkommen unterschiedlich!", entgegnete es. „Du fliegst, ich hüpfe; ich habe einen Beutel, du ein Nest, und singen kann ich auch nicht!"

„Das macht es ja gerade so spannend", sagte das Vögelchen, „wir können viel voneinander lernen!"

Und seitdem sind sie die dicksten Freunde.

Die neugierige Ameise

Eine große Ameisenkolonie lebte seit Jahren mitten im Wald in ihrem großen Ameisenhaufen.

Ordnungsgemäß war der Weg zur Nahrungsquelle mit Duftstoffen markiert, und jede Ameise hielt sich an diese Markierung.

Und so wanderten Tausende von Ameisen Tag für Tag zwischen der Nahrungsquelle und dem Ameisenbau hin und her. Und mit jeder Ameise, die diesen Weg beschritt, wurde die Spur stärker und stärker.

Eines Tages fragte sich eine besonders neugierige Ameise, was es auf der Welt wohl sonst noch gäbe. Denn sie kannte nur den Ameisenbau, die Nahrungsquelle und den Weg zwischen beiden.

So fasste sie sich mutig ein Herz und verließ den Weg, um sich ein wenig umzuschauen.
Sie musste nicht lange laufen, da kam sie an eine Obstwiese, auf der die saftigen Früchte dicht an dicht lagen. Sie schlug sich den Bauch voll und lehnte sich an eine Birne, um ein wenig zu entspannen.

Einige der anderen Ameisen hatten sich schon auf den Weg gemacht und folgten der Duftspur der besonders neugierigen Ameise. Sie dachten, es sei ein neuer offizieller Weg ausgewiesen worden.

Und je mehr Ameisen diesen Weg gingen, umso größer wurde die Duftspur und brachte noch mehr Ameisen auf diese Fährte.

Und so pendelten die Ameisen fortan auf diesem neuen Weg zwischen Ameisenbau und Obstwiese.

Unsere neugierige Ameise jedoch war schon längst weitergezogen, weil sie entdecken wollte, was die Welt sonst noch Schönes zu bieten hat, wenn schon eine so prächtige Obstwiese den Anfang darstellt.

Die anderen Ameisen folgten ihr jedoch nicht, denn diese Wegänderung war bereits genug Umstellung für ein ganzes Ameisenleben.

Der Haifisch

Als der kleine Hase früh am Morgen am Strand entlang hüpfte, sah er etwas Weißes in der Sonne glänzen.
Neugierig hoppelte er ein bisschen näher, um zu begutachten, was er dort entdeckt hatte.

Er staunte nicht schlecht, als er sah, dass es sich um einen Haifischzahn handelte.

„So etwas Schönes", dachte der Hase, „da habe ich aber Glück gehabt, dass ich so früh am Strand entlang gehoppelt bin."

Dachte es bei sich und band sich den Haifischzahn um.

Als er zurück kam, hielten die anderen Tiere den Atem an und verneigten sich vor ihm.

Der kleine Hase wusste erst gar nicht, wie ihm geschah. Langsam jedoch verstand er. Die Tiere dachten, er selbst habe den Hai erlegt und den Zahn als Souvenir behalten.

Bis heute jedoch hat unser kleiner Hase niemandem erzählt, dass er den Haifischzahn nur am Strand gefunden hat.

Der Vielfraß und die Stinkfrucht

Der Vielfraß hatte zum Fressen seit Jahren seinen Stammplatz. Täglich ging er hier hin, um seinen Hunger zu stillen. Dieser Platz bot ihm eine große Auswahl an Früchten. Doch er nahm stets nur die Stinkfrucht.

Das Ritual war jeden Tag dasselbe: Der Vielfraß kam gemächlich zum Platz geschlurft, ging eine Runde, um die vielen Früchte, die dort lagen, zu begutachten. Dann wählte er die Stinkfrucht, an der er sich satt aß.
Im Anschluss schlurfte er wieder vom Platz und widmete sich seinen restlichen Tagesgeschäften.

So ging es Tag für Tag für Tag.

Eines Nachts überraschte die Tiere des Regenwaldes ein gewaltiges Gewitter, wie es noch nicht gesehen ward. Der Donner grollte und die Blitze erleuchteten den Regenwald taghell. Der Sturm brauste und tobte die ganze Nacht hindurch.
Am nächsten Tag kam der Vielfraß wiederum zum Platz geschlurft, ging eine Runde, um die vielen Früchte, die dort lagen, zu begutachten und... stutzte.

Die Stinkfrucht, an der er sich eigentlich satt essen wollte, war ein Opfer des Sturms der vergangenen Nacht geworden.

Der Vielfraß war starr vor Schreck. Dann überfiel ihn Panik, weil seine Stinkfrucht, die er seit Jahren aß, nicht mehr unter den Früchten war.

Er ging eine weitere Runde, um noch einmal gründlich die vielen Früchte, die dort lagen, zu begutachten. Doch seine Stinkfrucht war nicht dabei.

Da schlurfte er wieder vom Platz und widmete sich seinen restlichen Tagesgeschäften.

Marienkäfers Sommer

Es war ein sehr, sehr heißer Sommertag. Die Luft flimmerte vor Hitze, und die Grillen zirpten.
Es duftete angenehm nach frisch gedroschenem Stroh.

Am Rand des Feldes, unweit der Quelle, lebte der Marienkäfer, der unter der anhaltenden Hitze ächzte.

„Ich muss etwas tun!", dachte er. „Die Hitze wird immer schlimmer, und meine Wasservorräte neigen sich dem Ende zu!"

Und so zog er los zur nahegelegenen Quelle, um Wassertropfen zu sammeln, die er in seinem Haus lagern wollte. Schon der Weg zur Quelle war bei dieser Hitze sehr, sehr anstrengend. So bekam der Marienkäfer schnell Durst.
„Ich muss durchhalten!", dachte er bei sich. „Erst werde ich das Wasser zum Haus bringen, dann kann ich etwas trinken."

Und so ging er durstig weiter auf dem Weg zur Quelle.

Dort angekommen, sah er den Frosch, der es sich an einem schattigen Plätzchen direkt am

Wasser gemütlich gemacht hatte und unter genüsslichem Quaken von Zeit zu Zeit einen Schluck des kühlen Nasses genoss.

„Hallo Marienkäfer!", sprach er. „Gesell dich zu mir und lass uns diesen wundervollen Sommertag genießen!" Er machte eine einladende Geste.

„Wundervoller Tag!?", entgegnete der Marienkäfer schroff. „Es ist viel zu heiß, und ich habe keine Zeit. Ich muss meine Wasservorräte auffüllen!"

Der Frosch beobachtete den Marienkäfer, der schnurstracks an ihm vorbei krabbelte und mühevoll einen Wassertropfen aus der Quelle fischte. Als ihm dies gelungen war, rollte er den Tropfen vor sich her, um ihn nach Hause zu bringen.

Der Frosch jedoch schüttelte nur sacht den Kopf und genoss weiterhin sein schattiges Plätzchen an der Quelle.

Dem Marienkäfer jedoch brannte mittlerweile die Kehle, weil er sich so anstrengte und lange nichts getrunken hatte. Doch er ermahnte sich selbst dazu, erst den Wassertropfen nach Hause zu bringen und dann seinen Durst zu stillen.

Als der Marienkäfer den Wassertropfen eine Weile durch die Gluthitze gerollt hatte, kam er zu Hause an.

Dort stellte er zu seinem Erschrecken fest,

dass von seinem Wassertropfen nur noch ein winziges Tröpfchen übrig war. Die Sonne hatte den Rest verdunstet.

Da sein Durst mittlerweile unerträglich geworden war, trank der Marienkäfer den Rest des Tropfens in einem Schluck.
Allerdings hatte er durch die Anstrengung immer noch großen Durst.

Und so machte er sich ein zweites Mal auf den Weg zur Quelle, denn schließlich wollte er ja einen Vorrat an Wasser in seinem Haus anlegen. Und so quälte er sich erneut durch die Hitze, um an der Quelle einen Tropfen Wasser zu holen.

Als der Frosch, der immer noch an seinem kühlen Plätzchen an der Quelle lag und sich labte, den Marienkäfer zum zweiten Mal sah, amüsierte er sich und schüttelte leicht den Kopf.

„Marienkäfer", sprach er, „gesell dich zu mir und lass uns diesen wundervollen Sommertag genießen!"
„Frosch", sagte der Marienkäfer nun leicht erbost, „ich habe zu tun! Ich muss Wasser nach Hause bringen, um mir einen Vorrat anzulegen!"
Sprach es, fischte mit schwindenden Kräften einen Tropfen Wasser aus der Quelle und rollte ihn in Richtung seines Hauses.

Der Frosch beobachtete dies und gönnte sich

ein Schlückchen aus der Quelle.

Der Marienkäfer erreichte mit letzten Kräften und großem Durst sein Haus.

Doch von dem Wassertropfen, den er durch die Hitze vor sich her gerollt hatte, war kaum noch etwas übrig. Da der Käfer kaum noch Kraft und der Weg deshalb viel länger gedauert hatte, war ein Großteil des Tropfens verdunstet.

Um nicht zu verdursten, trank der Marienkäfer das letzte Schlückchen, welches von seinem Tropfen übrig war und machte sich erneut auf zur Quelle.

Der Frosch sah ihn schon von Weitem kommen. Kurz bevor der Marienkäfer die Quelle erreichte, brach er vor Durst zusammen.

Der Frosch verließ sein schattiges Plätzchen, holte den Marienkäfer zu sich und reichte ihm Wasser aus der Quelle, welches der Marienkäfer gierig trank.

Dann schlief der kleine Käfer erschöpft ein.

Als er am nächsten Tag aufwachte, war erneut ein heißer Sommertag. Der Marienkäfer beschloss fortan, an diesem angenehmen, schattigen Plätzchen an der Quelle zu bleiben. Hier war er glücklich.

Die schöne Raupe

Die Raupe sah sehr traurig aus. "Ach wie gerne wäre ich schön!", dachte sie bei sich, "so schön wie der Kartoffelkäfer, der in der Sonne glitzert oder der wunderschöne rote Marienkäfer mit seinen schwarzen Punkten."

Die Raupe schaute noch ein wenig trauriger und knabberte weiter an dem Blatt, welches ihr kaum noch schmeckte vor Traurigkeit.

So ging es nun schon seit einigen Tagen, und je mehr schöne Tiere die Raupe erblickte, umso hässlicher fühlte sie sich selbst.

Eines Tages, als sie am Tiefpunkt ihrer Traurigkeit angekommen war, fiel eine Blüte von einem Baum und blieb auf ihrem Kopf liegen. Als die Raupe sich in der spiegelnden Wasserpfütze betrachtete, huschte ein Lächeln über ihr Gesicht, weil sie es schön fand, wie die Blüte ihren Kopf verzierte.

Da kam ihr eine Idee. Sie sammelte die schönsten Blüten der Blumenwiese, band sie zu Kränzen und schmückte sich von vorne bis hinten mit ihnen. Ein weiterer Blick in die Pfütze zauberte ein Strahlen in ihr Gesicht.

Sie sah in dieser Pfütze eine wunderschöne, bunte Raupe, und das bereitete ihr eine Menge guter Gefühle.

So ging sie frohen Mutes durch die Welt und nahm diese plötzlich mit ganz anderen Augen wahr, den Augen des Glücks.

Und alle Tiere, denen sie begegnete, sagten der Raupe, wie schön sie sei, da das Lächeln, welches sie fortan hatte, ihr eine wunderschöne Ausstrahlung verlieh.

Was die Raupe zu diesem Zeitpunkt noch nicht weiß ist, dass sie, gerade zu dem Zeitpunkt, als die Blüten zu welken beginnen, sich verpuppen und aus ihr ein wundervoller Schmetterling werden wird.

Aber das wollen wir ihr am besten auch nicht verraten, denn am schönsten ist es doch, wenn man immer wieder aufs Neue überrascht wird.

Drei Nilpferde auf Reisen

Seit Tagen schleppten sich die drei Nilpferde nun schon durch die Savanne und kamen nur langsam voran.
Die Sonne machte allen zu schaffen, so dass keiner von ihnen ein Wort wechseln mochte. Und so trotteten sie durch die gleißende Sonne.

Als eines der Nilpferde ein wenig unachtsam war, trat es in einen dicken Dorn und verletze sich den Fuß. So konnte es noch schlechter laufen; doch es schleppte sich weiter mit.

Nach einigen Kilometern jedoch brach es erschöpft zusammen, da die Schmerzen beim Auftreten zu groß waren.

Die drei Nilpferde berieten lange über ihre Lage und suchten nach einem Ausweg. Bei Einbruch der Dämmerung waren sie sich einig, so nie zum Ziel zu gelangen.

So beschlossen sie, über Nacht Rast zu machen und am nächsten Tag zu entscheiden, wie es weitergehen solle.

Es verging die Nacht, es kam der Tag, und die drei Nilpferde berieten sich erneut.

Sie entschieden, das verletzte Nilpferd in ihre Mitte zu nehmen und zu stützen.

Sie wussten, dass sich Ihr Marschtempo dadurch weiter verringern würde.

Wie gesagt, so getan, setzten sie ihren Weg durch die Savanne fort. Das verletzte Nilpferd jedoch war so erleichtert, da die beiden anderen es stützten, dass es begann, schöne Geschichten zu erzählen. Sie waren so schön, dass alle abgelenkt waren und gar nicht bemerkten, wie beschwerlich der Weg war.

Und wie durch ein Wunder waren sie viel schneller am Ziel, als sie es zu Beginn ihres Weges geplant hatten.

Des Hamsters größter Wunsch

Der Tag war schön, das Gras, in dem der Hamster stand, saftig grün, und rundherum flatterten bunte Schmetterlinge durch die Luft.

Der Hamster entschied, dass es ein guter Tag zum Wünschen sei. Er schloss die Augen und wünschte sich goldgelbe Ähren, an denen er knabbern konnte.

Leider verpasste er dabei den Trecker, der an ihm vorbeifuhr und ein großes Fuder gerade dieser Ähren geladen hatte.

Als der Hamster die Augen irgendwann öffnete, war der Trecker bereits weit weg.

„Das will noch nicht so recht gelingen", dachte er. Doch einige Augenblicke später beschloss er, es erneut zu versuchen: „Wie schön es doch wäre, mein Leben gemeinsam mit einer netten Hamsterfrau zu verbringen."

Und so kniff er erneut die Augen zu und wünschte sich ganz fest, dass eine nette Hamsterfrau seinen Weg kreuzen möge, mit der er fortan gemeinsam durchs Leben ginge.

Leider verpasste er in diesem Moment den

Jungen, der vorbeiradelte und auf seinem Fahrrad einen kleinen Käfig hatte. In dem befand sich eine eben solche Hamsterdame.
Diese winkte dem Hamster verzweifelt zu, hüpfte auf und ab und fiepte so laut sie konnte in der Hoffnung, dass er sie befreien würde.

Als der Hamster die Augen irgendwann öffnete, war der kleine Junge mit der Hamsterdame im Käfig bereits weit weg.

„Das mit dem Wünschen will mir nicht so recht gelingen", dachte der Hamster bei sich und wollte es schon aufgeben.

Da jedoch überkam ihn der Wunsch nach einem saftig gelben Maiskolben, den er zu gerne verspeisen wollte.

„Ein letztes Mal werde ich es versuchen!", sprach der Hamster, schloss erneut die Augen und dachte fest an den saftig gelben Maiskolben.

Da flog ein Vogel über seinen Kopf, der genau so einen Maiskolben in seinem Schnabel trug. Da der Maiskolben recht schwer und der Vogel vom Transportieren müde war, musste er gähnen und ließ dabei den Maiskolben fallen.

Der Maiskolben landete mit einem dumpfen „Plumps" mitten auf unserem Hamster.

Als dieser sich berappelt hatte, beschloss er, fortan die Augen beim Wünschen geöffnet zu lassen.

Er setzte sich gemütlich ins hohe Gras und ließ sich den Maiskolben schmecken.

Das fremde Tier

Ein fremdes Tier, welches zuvor noch nie jemand gesehen hatte, kam in den Wald. Die anderen Tiere waren skeptisch und beobachteten es ganz genau.

Das Tier ging zum Hasen und bat darum, eine Nacht in seinem Bau schlafen zu dürfen.

„Ich will dich auch reichlich dafür entlohnen", sprach das fremde Tier.

„Mir soll es wohl recht sein", dachte der Hase und gab sein Einverständnis.

„Zuvor aber möchte ich deinen Bau inspizieren, damit ich mir sicher sein kann, dass ich auch eine angenehme Nacht hier verbringen werde. Ich werde mich eine halbe Stunde zur Probe in das Heubett legen. Wenn ich dann zufrieden bin, werde ich hier nächtigen und dich reich entlohnen. Sei so nett und pass in der Zwischenzeit auf meinen Obstkorb auf!"

Gesagt, getan, legte sich das fremde Tier in den Bau und schlief.

„Was für ein Zufall!", sprach der Hase zu sich. „So einen Obstkorb habe ich mir neulich beim Eichhörnchen geliehen, als ich keine Vorräte mehr im Haus hatte, und ich habe ihn bis jetzt

nicht zurückgegeben. Das fremde Tier schläft, also kann ich es wohl wagen."

Der Hase hüpfte schnell zum Eichhörnchen und brachte ihm den Obstkorb. Das Eichhörnchen freute sich!

„Was für ein Zufall!", dachte es bei sich. „So einen Obstkorb habe ich doch vor einiger Zeit dem Bären als Lohn dafür versprochen, dass er mir Honig gebracht hat. Jetzt kann ich ihm den Obstkorb endlich bringen."

Und so huschte es geschwind zum Bären, um ihm den Obstkorb zu überreichen. Der Bär freute sich.

„Was für ein Zufall!", dachte er bei sich. „So einen Obstkorb habe ich doch dem Hasen versprochen, als er mir neulich meinen Fuß aus der Falle befreit hat, nun kann ich ihm den Korb endlich bringen."

So trottete er mit dem Obstkorb zum Hasen und überreichte ihm diesen.

Als das fremde Tier nach einiger Zeit aus dem Bau gekrochen kam, beschloss es, doch nicht im Wald zu nächtigen. Es wollte sich nach einer noch bequemeren Herberge umschauen.

So nahm es seinen Obstkorb, überreichte dem Hasen als Dank einen saftigen Apfel und zog von dannen.

Es erfuhr wahrscheinlich nie, wie glücklich es die Tiere des Waldes ohne sein Wissen gemacht hat.

Dankeschön...

...an dich
Dafür, dass du dir die Zeit geschenkt hast, dieses Buch zu lesen!

...an meine geliebte Frau
Dafür, dass du mir die Zeit geschenkt hast, die Geschichten wieder und wieder zu lesen, Ideen einzubringen und mir den Rücken freizuhalten.
Danke, dass du immer für mich da bist!

...an meine Eltern
Dafür, dass ihr mich mit so viel Liebe habt aufwachsen lassen und mir ermöglicht habt, unendlich viele positive Erfahrungen zu sammeln!

...an Wiebke Lüth und Marc A. Pletzer
Dafür, dass ihr in meinen NLP-Ausbildungen den Wunsch in mir geweckt habt, ein Buch zu schreiben.
www.fresh-academy.de

...an Rolf Ackermann und Andrea Kaluza
Dafür, dass in meiner Suggestopädie-Ausbildung die Idee zu diesem Buch entstanden ist.
www.skillgmbh.de

…an Axel Rachow
Dafür, dass ich in meiner Visualisierungs-Fortbildung so viel Handwerkszeug mitbekommen habe.
www.dart-consulting.de

…an Christina Mertens
Dafür, dass du mich auf die Idee zur Geschichte „Der Bär und die Liste" gebracht hast.

…an Markus Tertilte
Dafür, dass du mich auf die Idee zur Geschichte „Das fremde Tier" gebracht hast.

…an Kurt F. Domnik/pixelio
Dafür, dass ich das Foto für das Deckblatt verwenden durfte.

…an alle, die hier nicht namentlich erwähnt sind und deren Impulse direkt oder indirekt mit in das Buch eingeflossen sind.

Über den Autor

Diplom-Pädagoge Markus H. Stork (geb. Beck), Jahrgang 1975, ist seit etwa 20 Jahren erfolgreich im Trainings- und Coachingbereich aktiv.

Er qualifizierte bereits hunderte von Menschen in den Themen Persönlichkeits- und Teamentwicklung, Erfolg, Kommunikation, Neuropädagogik und Zielerreichung.

In Zusammenarbeit mit Prof. Dr. Peter Heitkämper gestaltete er aktiv die „Arbeitsstelle für kreative Lehr- und Lernformen, Umwelt-, Friedens- und Neuropädagogik" an der Westfälischen Wilhelms-Universität zu Münster.

Als Experte im Bereich Neurowissenschaften entwickelte er unter anderem ein Seminarkonzept zum Thema: „Mit Kreativität und Spaß zu einem verbesserten Lernen", welches in dem Buch „Auf dem Wege zur subsidiären Universität" veröffentlicht wurde.

Auch in der Publikation „Neuropädagogik: Gehirnforschung für ein verbessertes Lernen" sind seine fachlichen Beiträge zu finden.

Stetige Fort- und Weiterbildungen, z.B. zum NLP-Master, NLP-Coach, NLP-Hypnocoach (einer von wenigen weltweit), Reiss-Profile-Master, Suggestopäden, Vertriebstrainer, Kommunikationstrainer, Vertriebscoach und Seminarleiter für Autogenes Training, sowie jahrelange Anwendung in der Praxis, lassen seine Klienten optimal profitieren.

Auf Basis seiner Qualifikationen und langjährigen Erfahrungen, entwickelte Markus H. Stork ein neues Konzept, welches die effektivsten Werkzeuge aus NLP, Reiss-Profile und Suggestopädie vereint.

Mit diesem Ansatz bietet er sowohl Einzelpersonen als auch Teams die Möglichkeit, ihre Ziele schnell und effektiv zu erreichen.

Sein Institut „Stork Training & Coaching" erstellt maßgeschneiderte Konzepte für individuelle Weiterentwicklung.

Kontakt über: www.stork-training.de

Zusammen mit seiner Frau und seinem Sohn lebt der Autor in Everswinkel bei Münster.

Danke, dass du bis hierhin gelesen hast!